I JOY

3 STEP WRITING

1

I am books

Preview

1
Writing에 필요한 문법
해당 Unit의 영작을 위해 필요한 문법사항을
학습합니다.

2
Writing에 필요한 문법 확인
문제풀이를 통해 앞에서 배운 문법사항을
확인합니다.

3
Word List
해당 Unit의 영작을 위해 필요한
기본 단어를 익힙니다.

4
Step 1: 문장 시작하기
영작할 문장의 주어 또는 주어와 서술부의
일부를 써보며 문장을 시작합니다.

5

Step 2: 문장 만들기

동사 또는 수식어를 활용하여 Step 1에서
시작한 문장을 이어나갑니다.

6

Step 3: 문장 완성하기

수식어 또는 수식어구를 활용하여 Step 2에서
만든 기본 문장들을 완성합니다.

7

Quiz Time

해당 Lesson에서 학습한 단어와 문법사항을
복습하고 영작활동을 통해 이를 적용합니다.

8

Check Up

다양한 유형의 활동을 통해 해당 Unit에서
학습한 것을 확인합니다.

영작을 위한 학생들의 이해도를
돕기 위해 간혹 어색한
한국말 표현이 있을 수 있음을
알려드립니다.

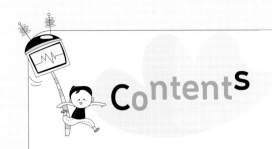

Contents

be동사 긍정문(현재)

Writing에 필요한 문법

1 be동사의 형태

주어에 따라 모양이 달라진다.

주어	be동사	줄임말	주어	be동사	줄임말
I(나는)	am	I am=I'm	We(우리는)	are	We are=We're
You(당신은)	are	You are=You're	You(당신들은)		You are=You're
He(그는)	is	He is=He's	They (그들은, 그것들은)		They are =They're
She(그녀는)		She is=She's			
It(그것은)		It is=It's			

2 be동사 긍정문(현재) 맛보기

STEP 1

나는
↓
I

STEP 2

나는	~이다
↓	↓
I	am

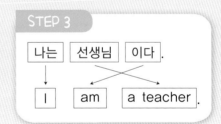

STEP 3

나는	선생님	이다 .
↓		
I	am	a teacher .

3 be동사 긍정문(현재)의 쓰임

예문	해석
They are doctors. (그들은 의사들이다.)	~이다
She is smart. (그녀는 똑똑하다.)	~하다

* 문장의 기본 규칙

- 단어들이 모여 문장이 된다.

  <u>We</u> <u>are</u> <u>students</u>. → 문장
  단어 + 단어 +   단어

- 첫 글자는 항상 대문자로 시작한다.
- 명령문을 제외한 모든 문장에는 주어와 동사가 있어야 한다.
- 문장 끝에는 문장 부호(. / ! / ?)를 쓴다.

Writing에 필요한 문법 확인

A. 다음 중 문장에 동그라미 하세요.

1 apple   nurse   I am a student.

2 You are cute.   tall   angry

3 dog   She is nice.   lion

4 We are happy.   English   father

5 table   box   They are friends.

B. 문장이 되도록 틀린 부분을 고쳐 바르게 쓰세요.

1 it is a pencil.

_____

2 I short.

_____

3 He is angry

_____

4 they are smart.

_____

5 am a teacher.

_____

C. 다음 중 알맞은 것을 고르세요.

1 You (am / are / is) a student.

2 She (am / are / is) beautiful.

3 I (am / are / is) busy.

4 It (am / are / is) a cat.

5 We (am / are / is) dentists.

D. 밑줄 친 부분을 줄여서 문장을 다시 쓰세요.

1 <u>He is</u> strong.

_____

2 <u>I am</u> a singer.

_____

3 <u>They are</u> dogs.

_____

4 <u>You are</u> tall.

_____

5 <u>She is</u> a nurse.

_____

 Word List

English	Korean	English	Korean
dancer	댄서, 무용수	peach	복숭아
farmer	농부	pretty	예쁜
friend	친구	smart	똑똑한
green	녹색의, 녹색	strong	힘이 센
nice	친절한	teacher	선생님

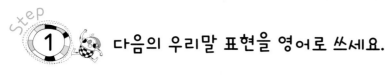 다음의 우리말 표현을 영어로 쓰세요.

1 나는

I

2 그녀는

_____

3 그는

_____

4 우리는

_____

5 당신은

_____

6 그들은

_____

7 그것은

_____

8 당신들은

_____

9 나는

_____

10 그것들은

_____

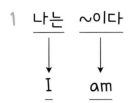 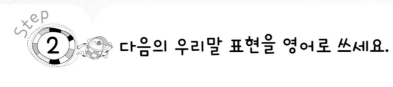 다음의 우리말 표현을 영어로 쓰세요.

1 나는   ~이다

   ↓   ↓

   I   am

2 그녀는   ~이다

_____

3 그는   ~하다

_____

4 우리는   ~이다

_____

5 당신은   ~이다

_____

6 그들은   ~하다

_____

7 그것은   ~이다

_____

8 당신들은   ~하다

_____

9 나는   ~하다

_____

10 그것들은   ~이다

_____

Step ③ 다음의 우리말 표현을 영어로 쓰세요.

1 나는 선생님 이다.

I am a teacher .

2 그녀는 댄서 (a dancer) 이다.

_____

3 그는 똑똑하 다.

_____

4 우리는 친구들 (friends) 이다.

_____

5 당신은 농부 (a farmer) 이다.

_____

6 그들은 힘이 세 다.

_____

7 그것은 복숭아 (a peach) 이다.

_____

8 당신들은 친절하 다.

_____

9 나는 예쁘 다.

_____

10 그것들은 녹색 이다.

_____

A. 빈칸을 채우세요.

English	Korean	English	Korean
	댄서, 무용수		복숭아
farmer		pretty	
friend		smart	
	녹색의, 녹색		힘이 센
nice		teacher	

B. 빈칸을 채우세요.

1   이 모여 문장이 된다.

2 문장의 첫 글자는 항상   로 시작한다.

3 명령문을 제외한 모든 문장에는   와   가 있어야 한다.

4 문장   에는 문장 부호(. / ! / ?)를 쓴다.

C. 그림을 보고 be동사와 주어진 단어를 사용하여 문장을 완성하세요.

1 Tom

2 Jen and Jason

3 Ben

4 Sarah

Word Box

dentists   a student   a farmer   smart

1 Tom _____.

2 Jen and Jason _____.

3 Ben _____.

4 Sarah _____.

Lesson 2

be동사 부정문(현재)

Writing에 필요한 문법

① be동사 부정문(현재)의 형태

be동사 부정형: be동사 뒤에 not을 붙인다.

주어	be동사 부정형	
I	am not	
You / They / We	are not(aren't)	tall.
He / She / It	is not(isn't)	

② be동사 부정문(현재) 맛보기

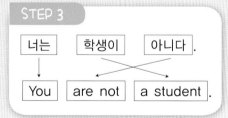

③ be동사 부정문(현재)의 쓰임

예문	해석
They are not teachers.	~이 아니다
It is not yummy.	~하지 않다

* **명사란?**
  – 사람, 사물, 장소의 이름을 나타내는 단어
    (예시) student, flower, museum, Tom 등

* **형용사란?**
  – 사람, 사물의 상태나 성질이 어떠한지 나타내는 단어
    (예시) yellow, small, beautiful, tall 등

Writing에 필요한 문법 확인

A. 다음 문장에서 명사에 동그라미 하세요.

1 It is a guitar.

2 You are a dog.

3 I am Tom.

4 He is a cat.

5 It is a doll.

B. 다음 문장에서 형용사에 동그라미 하세요.

1 He is cute.

2 You are big.

3 I am smart.

4 They are beautiful.

5 It is yummy.

C. 괄호 안의 단어가 들어갈 위치에 V 하세요.

1 I am a doctor. (not)

2 The soup is hot. (not)

3 They are cold. (not)

4 She is short. (not)

5 You are a nurse. (not)

D. 다음 문장을 부정문으로 바꿔 쓰세요.

1 I am a police officer.

_____

2 He is kind.

_____

3 She is a high school student.

_____

4 The flower is tall.

_____

5 They are big.

_____

 **Word List**

English	Korean	English	Korean
clean	깨끗한	nurse	간호사
clear	선명한	tall	키가 큰
funny	재미있는	sad	슬픈
hot	뜨거운	short	키가 작은
hungry	배가 고픈, 배고픈	student	학생

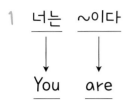 다음의 우리말 표현을 영어로 쓰세요.

1 <u>너는</u> <u>~이다</u>
   ↓   ↓
   <u>You</u> <u>are</u>

2 그는 ~이다

_____

3 그 소녀는 (the girl) ~하다

_____

4 나는 ~하다

_____

5 아빠는 (Dad) ~하다

_____

6 그 수프가 (the soup) ~하다

_____

7 우리는 ~하다

_____

8 내 방이 (my room) ~하다

_____

9 그 사진들이 (the photos) ~하다

_____

10 그들이 ~하다

_____

 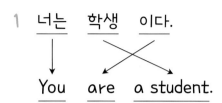 다음의 우리말 표현을 영어로 쓰세요.

1 너는 학생 이다.

You are a student.

2 그는 간호사 다.

_____

3 그 소녀는 키가 크 다.

_____

4 나는 키가 작 다.

_____

5 아빠는 재미있 다.

_____

6 그 수프가 뜨겁 다.

_____

7 우리는 배가 고프 다.

_____

8 내 방이 깨끗하 다.

_____

9 그 사진들이 선명하 다.

_____

10 그들이 슬프 다.

_____

Step 3 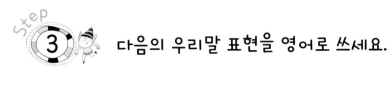 다음의 우리말 표현을 영어로 쓰세요.

1 너는 학생이 아니다 .

You are not a student.

2 그는 간호사가 아니다 .

_____

3 그 소녀는 키가 크지 않다 .

_____

4 나는 키가 작지 않다 .

_____

5 아빠는 재미있지 않다 .

_____

6 그 수프가 뜨겁지 않다 .

_____

7 우리는 배가 고프지 않다 .

_____

8 내 방이 깨끗하지 않다 .

_____

9 그 사진들이 선명하지 않다 .

_____

10 그들이 슬프지 않다 .

_____

A. 빈칸을 채우세요.

English	Korean	English	Korean
clean		nurse	
	선명한		키가 큰
	재미있는		슬픈
hot		short	
	배가 고픈, 배고픈		학생

B. 빈칸을 채우세요.

1. 사람, 사물, 장소의   을 나타내는 단어를 명사라 한다.

2. 사람, 사물의 상태나 성질이 어떠한지 나타내는 단어를   라 한다.

3. 다음 단어 'yellow, small, beautiful'은   이다.

4. 다음 단어 'student, flower, museum'은   이다.

C. 그림을 보고 be동사와 주어진 단어를 사용하여 부정문을 완성하세요.

1

2

3

4

Jason

Word Box

| happy | hot | a nurse | tall |

1 The soup _____.

2 They _____.

3 The plant _____.

4 Jason _____.

be동사 의문문(현재)

Writing에 필요한 문법

1 be동사 의문문(현재)의 형태

be동사	주어	
Am	I	
Are	you / they / we	strong?
Is	he / she / it	

2 be동사 의문문(현재) 맛보기

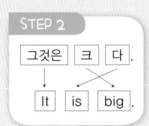

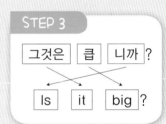

3 be동사 의문문(현재)의 쓰임

예문	해석
Q: Are they students? A: Yes, they are. / No, they aren't.	~입니까?
Q: Is the boy tall? A: Yes, he is. / No, he isn't.	~합니까?

* 대명사란?

– 명사를 대신하는 단어

(예시) I, you, they, we, he, she, it 등

– 대명사 중 사람을 지칭하는 단어를 인칭대명사라고 한다.

명사가 있는 문장	대명사가 있는 문장
Jennifer is tall.	She is tall.
The boy is smart.	He is smart.
The flowers are beautiful.	They are beautiful.
The museum is big.	It is big.

Writing에 필요한 문법 확인

A. 대명사가 있는 문장에 동그라미 하세요.

1 The dog is cute.

2 We are strong.

3 You are pretty.

4 The school is big.

5 It is a bookstore.

B. 다음 문장에서 대명사에 동그라미 하세요.

1 He is sleepy.

2 I am a teacher.

3 We are good.

4 It is clean.

5 You are funny.

C. 다음 문장을 의문문으로 바꿔 쓰세요.

1 The movie is sad.

_____

2 He is hungry.

_____

3 You are a student.

_____

4 The teacher is nice.

_____

5 The cat is cute.

_____

D. 주어진 단어를 사용하여 문장을 완성하세요.

1 the book / is / fun / ?   _____

2 clean / the room / is / ?   _____

3 beautiful / they / are / ?   _____

4 you / a farmer / are / ?   _____

5 I / am / good / ?   _____

Word List

English	Korean	English	Korean
angry	화가 난, 화난	happy	행복한
box	상자	heavy	무거운
baseball player	야구 선수	huge	거대한, 아주 큰
delicious	맛있는	pilot	조종사
fast	빠른	slow	느린

 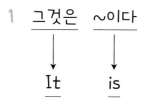 다음의 우리말 표현을 영어로 쓰세요.

1 그것은 ~이다
   ↓   ↓
   It   is

2 당신은 ~하다

_____

3 그녀는 ~이다

_____

4 그것들은 ~하다

_____

5 그 말은 (the horse) ~하다

_____

6 그 상자들은 (the boxes) ~하다

_____

7 우리는 ~하다

_____

8 Justin은 ~이다

_____

9 나는 ~하다

_____

10 그 박물관이 (the museum) ~하다

_____

2 다음의 우리말 표현을 영어로 쓰세요.

1 그것은 크 다.

It is big.

2 당신은 화가 나 있다.

_____

3 그녀는 조종사 (a pilot) 이다.

_____

4 그것들은 맛있 다.

_____

5 그 말은 빠르 다.

_____

6 그 상자들은 무겁 다.

_____

7 우리는 행복하 다.

_____

8 Justin은 야구 선수 (a baseball player) 이다.

_____

9 나는 느리 다.

_____

10 그 박물관이 거대하 다.

_____

 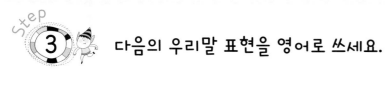 다음의 우리말 표현을 영어로 쓰세요.

1 그것은 큽 니까 ?

   Is it big?

2 당신은 화가 나 있습 니까 ?

   _____

3 그녀는 조종사입 니까 ?

   _____

4 그것들이 맛있습 니까 ?

   _____

5 그 말이 빠릅 니까 ?

   _____

6 그 상자들이 무겁습 니까 ?

   _____

7 우리는 행복합 니까 ?

   _____

8 Justin은 야구 선수입 니까 ?

   _____

9 내가 느립 니까 ?

   _____

10 그 박물관이 거대합 니까 ?

   _____

A. 빈칸을 채우세요.

English	Korean	English	Korean
	화가 난, 화난	happy	
	상자		무거운
baseball player		huge	
	맛있는	pilot	
	빠른		느린

B. 빈칸을 채우세요.

1 명사를 대신하는 단어를 　　　　　　　 라고 한다.

2 대명사 중 　　　　　　　 을 지칭하는 단어를 인칭대명사라고 한다.

C. 다음 문장의 명사를 대명사로 바꾸세요.

1 Jennifer is tall. = _____ is tall.

2 The boy is smart. = _____ is smart.

3 The flowers are beautiful. = _____ are beautiful.

4 The museum is big. = _____ is big.

D. 그림을 보고 be동사와 주어진 단어를 사용하여 의문문을 완성하세요.

1

2

3

4
John

Word Box

sleepy   a baseball player   heavy   a farmer

1 _____ the box _____?

2 _____ the cat _____?

3 _____ you _____?

4 _____ John _____?

A. 주어진 단어를 사용하여 문장을 완성하세요.

| am | are | is |

1 I _____ strong.

2 She _____ pretty.

3 He _____ tall.

4 You _____ fast.

5 It _____ cute.

B. 다음 문장에서 명사, 형용사, 대명사를 찾아 동그라미 하세요.

1 You are kind.

2 The movie is funny.

3 I am a student.

4 She is a teacher.

5 The horses are hungry.

C. 주어진 단어를 사용하여 문장을 완성하세요.

1 is / heavy / it / ?

_____

2 not / you / happy / are / .

_____

3 the cookies / yummy / are / .

_____

4 she / is / a high school student / ?

_____

D. 다음 문장을 영작하세요.

1 그 개는 빠르다. (the dog, fast)

_____

2 우리는 농구 선수들이다. (basketball players)

_____

3 그 소녀는 배가 고픕니까? (the girl, hungry)

_____

4 그 부엌은 깨끗하지 않다. (the kitchen, clean)

_____

Lesson 1

일반동사 긍정문(현재)

Writing에 필요한 문법

① 일반동사란?

be동사를 제외한 대부분의 동사
(예시) play, eat, drink, jump 등

② 일반동사(현재)의 형태

주어에 따라 모양이 달라진다.

주어	일반동사
I / You / They	run.
He / She / It	runs.

③ 일반동사 긍정문(현재) 맛보기

* 주어가 He/She/It일 경우 일반동사의 변화 규칙

동사의 끝	규칙	예문
대부분의 동사 jump, run, eat, drink 등	s를 덧붙인다.	He jumps high.
-sh, -ch, -ss, -x wash, teach, kiss, fix 등	es를 덧붙인다.	She teaches English.
자음 하나 + -y cry, dry, try 등	y를 i로 바꾸고 es를 붙인다.	He cries.
모음(a, e, i, o, u) 하나 + -y play, stay, buy 등	s를 붙인다.	It plays ball.

Writing에 필요한 문법 확인

A. 다음 중 알맞은 것을 고르세요.

1 I (have / has) a pencil.

2 He (walk / walks) to school.

3 We (like / likes) the singer.

4 The cat (sleep / sleeps) a lot.

5 They (speak / speaks) English.

B. 빈칸을 채우세요.

주어	동사	동사의 변화형
He/She/It	drink	
	work	
	study	
	wash	
	stay	

C. 주어진 동사를 이용하여 문장을 완성하세요.

1 Mom _____ dinner. (make)

2 We _____ dogs. (like)

3 The dog _____ a lot. (eat)

4 I _____ the piano. (play)

5 The pants _____ fast. (dry)

D. <보기>의 동사를 이용하여 문장을 완성하세요.

| <보기> play   cry   like   fix   eat |

1 I _____ baseball. (나는 야구를 한다.)

2 The baby _____ at night. (그 아기는 밤에 운다.)

3 You _____ lunch at 1 o'clock. (당신은 1시에 점심을 먹는다.)

4 We _____ orange juice. (우리는 오렌지 주스를 좋아한다.)

5 Dad _____ cars. (아빠는 차들을 고친다.)

Word List

English	Korean	English	Korean
drive	운전하다	milk	우유
have	~을/를 가지고 있다	run	달리다
jump	점프하다	wash	씻다, 닦다
like	좋아하다	work	일하다
make	만들다	speak	말하다

 **다음의 우리말 표현을 영어로 쓰세요.**

1 나는

  ↓

  I

2 우리는

  _____

3 당신은

  _____

4 아빠는 (Dad)

  _____

5 소들은 (cows)

  _____

6 그 개는 (the dog)

  _____

7 Sarah는

  _____

8 토끼들은 (rabbits)

  _____

9 그 고양이는 (the cat)

  _____

10 그들은

  _____

 다음의 우리말 표현을 영어로 쓰세요.

1 <u>나는</u> <u>(운동 경기를) 한다</u>
  ↓   ↓
  I   play

2 우리는 일한다

_____

3 당신은 씻는다

_____

4 아빠는 운전한다

_____

5 소들은 만든다

_____

6 그 개는 좋아한다

_____

7 Sarah는 말한다

_____

8 토끼들은 달린다

_____

9 그 고양이는 점프한다

_____

10 그들은 가지고 있다

_____

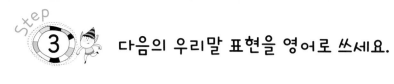

Step **3** 다음의 우리말 표현을 영어로 쓰세요.

1 나는 축구를 한다.

I play soccer .

2 우리는 열심히 (hard) 일한다.

_____

3 당신은 당신의 손들을 (your hands) 씻는다.

_____

4 아빠는 차를 (a car) 운전한다.

_____

5 소들은 우유를 만든다.

_____

6 그 개는 치즈를 (cheese) 좋아한다.

_____

7 Sarah는 영어를 (English) 말한다.

_____

8 토끼들은 빨리 (fast) 달린다.

_____

9 그 고양이는 높이 (high) 점프한다.

_____

10 그들은 두 개의 침대들을 (two beds) 가지고 있다.

_____

A. 빈칸을 채우세요.

English	Korean	English	Korean
	운전하다	milk	
	~을/를 가지고 있다		달리다
	점프하다	wash	
like			일하다
	만들다	speak	

B. 빈칸을 채우세요.

동사의 끝	규칙	예문
대부분의 동사 jump, run, eat, drink 등	s를 덧붙인다.	He _____ high.
-sh, -ch, -ss, -x wash, teach, kiss,	es를 덧붙인다.	She _____ English.
자음 하나 + -y cry, dry, try 등	y는 i로 바꾸고 _____를 붙인다.	He cries.
모음(a, e, i, o, u) 하나 + -y play, stay, buy 등	_____를 붙인다.	It plays ball.

C. 그림을 보고 주어진 동사를 이용하여 문장을 완성하세요.

1

2

3

4

Word Box

fix   like   cry   play

1 The little girl _____ at night.

2 They _____ baseball.

3 Dad _____ his car.

4 We _____ chocolate chip cookies.

일반동사 부정문(현재)

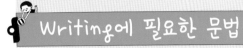

Writing에 필요한 문법

① 일반동사 부정문(현재)의 형태

주어	do not/does not	동사원형	
I / You / They	do not(don't)	like	oranges.
He / She / It	does not(doesn't)		

② 일반동사 부정문(현재) 맛보기

STEP 1

우리는	가지고 있다
We	have

STEP 2

우리는 | 차를 | 가지고 있다 .

We | have | a car .

STEP 3

우리는 | 차를 | 가지고 있지 않다 .

We | don't have | a car .

③ 일반동사 부정문(현재)의 쓰임

예문	해석
I don't drink coffee.	~하지 않다
She doesn't play tennis.	

* 빈도부사
- 상황이 얼마나 자주 일어나는지를 묘사하는 단어
(예시) always (항상), usually (보통), often (자주),
sometimes (때때로), hardly (거의 ~않다),
never (결코 ~않다)

* 문장에서 빈도부사의 위치
- be동사 뒤, 일반동사 앞
(예문) I am always happy.
She doesn't usually cook.
I never drink coffee.

Writing에 필요한 문법 확인

A. 다음 중 알맞은 것을 고르세요.

1 I (do not / does not) get up early.

2 They (do not / does not) walk to school.

3 Grandmother (do not / does not) eat bread.

4 My cat (do not / does not) like milk.

5 The desk (do not / does not) look new.

B. 괄호 안의 단어가 들어갈 위치에 V 하세요.

1 We don't play soccer. (often)

2 Mom drinks tea. (sometimes)

3 They study after school. (hardly)

4 I don't play music at night. (usually)

5 My dogs take a nap. (always)

C. 다음 문장을 부정문으로 바꿔 쓰세요.

1 I have a bed.

_____

2 Turtles move fast.

_____

3 We study math.

_____

4 My cat jumps high.

_____

D. 주어진 단어를 이용하여 일반동사 부정문을 완성하세요.

1 I _____ baseball. (play)

2 She _____. (read)

3 We _____ on weekends. (work)

4 You _____ TV. (watch)

5 Gina _____. (exercise)

Word List

English	Korean	English	Korean
clean	청소하다	look	~해 보이다
do homework	숙제를 하다	novel	소설
delicious	맛있는	read	읽다
exercise	운동하다	watch	보다
go to bed	자다, 잠자리에 들다	work	작동하다

 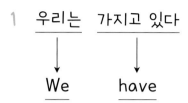 다음의 우리말 표현을 영어로 쓰세요.

1 우리는   가지고 있다

   We   have

2 그 수프는 (the soup)   ~해 보인다

   _____

3 내 컴퓨터는 (my computer)   작동한다

   _____

4 엄마는 (Mom)   운동한다

   _____

5 그는   읽는다

   _____

6 나는   본다

   _____

7 내 개는 (my dog)   좋아한다

   _____

8 그 학생들은 (the students)   숙제를 한다

   _____

9 당신은   잔다

   _____

10 아빠는 (Dad)   청소한다

   _____

 **Step 2** 다음의 우리말 표현을 영어로 쓰세요.

1 우리는 차를 가지고 있다.

   We   have   a car.

2 그 수프는 맛있어 보인다.

   _____

3 내 컴퓨터는 잘 (well) 작동한다.

   _____

4 엄마는 보통 (usually) 운동한다.

   _____

5 그는 소설들을 (novels) 읽는다.

   _____

6 나는 영화들을 (movies) 본다.

   _____

7 내 개는 우유를 (milk) 좋아한다.

   _____

8 그 학생들은 항상 (always) 숙제를 한다.

   _____

9 당신은 늦게 (late) 잔다.

   _____

10 아빠는 집을 (the house) 청소한다.

   _____

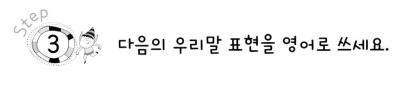

3 다음의 우리말 표현을 영어로 쓰세요.

1 우리는 차를 가지고 있지 않다 .

We don't have a car.

2 그 수프는 맛있어 보이지 않는다 .

_____

3 내 컴퓨터는 잘 작동하지 않는다 .

_____

4 엄마는 보통 운동하지 않는다 .

_____

5 그는 소설들을 읽지 않는다 .

_____

6 나는 영화들을 보지 않는다 .

_____

7 내 개는 우유를 좋아하지 않는다 .

_____

8 그 학생들은 숙제를 항상 하지는 않는다 .

_____

9 당신은 늦게 자지 않는다 .

_____

10 아빠는 집을 청소하지 않는다 .

_____

A. 빈칸을 채우세요.

English	Korean	English	Korean
	청소하다		~해 보이다
do homework		novel	
	맛있는		읽다
	운동하다	watch	
go to bed			작동하다

B. 빈칸을 채우세요.

1 [   ]는 상황이 얼마나 자주 일어나는지를 묘사한다.

2 빈도부사에는 always, usually, [   ], [   ], hardly, never가 있다.

3 빈도부사는 문장에서 [   ] 뒤, [   ] 앞에 위치한다.

C. 괄호 안의 단어가 들어갈 위치에 V 하세요.

1 I drink coffee. (never)

2 He studies at night. (always)

3 She doesn't cook. (usually)

46

D. 그림을 보고 주어진 동사를 사용하여 부정문을 완성하세요.

1

2

3

4

Word Box

| move | clean | look | eat |

1 The desk _____ new.

2 My grandmother _____ bread.

3 The turtle _____ fast.

4 Dad _____ the house.

Unit 2
Lesson 3
일반동사 의문문(현재)

 Writing에 필요한 문법

① 일반동사 의문문(현재)의 형태

Do/Does	주어	동사원형	
Do	I / you / they / we	like	bananas?
Does	he / she / it		

② 일반동사 의문문(현재) 맛보기

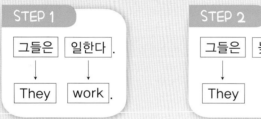

STEP 1

그들은	일한다 .

↓ ↓

| They | work . |

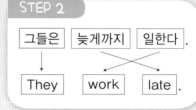

STEP 2

| 그들은 | 늦게까지 | 일한다 . |

↓

| They | work | late . |

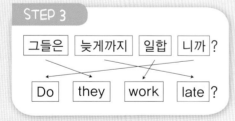

STEP 3

| 그들은 | 늦게까지 | 일합 | 니까 ? |

| Do | they | work | late ? |

③ 일반동사 의문문(현재)의 쓰임

예문	해석
Q: Do they exercise? A: Yes, they do. / No, they don't.	~합니까?
Q: Does your cat sleep a lot? A: Yes, she does. / No, she doesn't.	

48

＊ 일반동사는 언제 사용할까요?
- 반복되는 습관적인 행동을 묘사할 때
  (예문) I exercise after dinner.
- 일반적인 사실을 묘사할 때
  (예문) My cat has golden eyes.

Writing에 필요한 문법 확인

A. 일반동사 의문문에 동그라미 하세요.

1 Is the dog cute?

2 Do you have an egg?

3 Are you happy?

4 Is your school big?

5 Does she have brown hair?

B. 다음 중 알맞은 것을 고르세요.

1 (Do / Does) he have a car?

2 (Do / Does) I eat a lot?

3 (Do / Does) you play soccer?

4 (Do / Does) your cat like cheese?

5 (Do / Does) they walk to school?

C. 다음 질문에 대한 대답을 완성하세요.

1 Do you (당신) have many books?   Yes, _____.

2 Do the rabbits run fast?   Yes, _____.

3 Does your mom drive a car?   No, _____.

4 Does Tom read novels?   Yes, _____.

5 Do they study hard?   No, _____.

D. 다음 문장을 의문문으로 바꿔 쓰세요.

1 You play baseball.

_____

2 They work hard.

_____

3 Jenny speaks English.

_____

4 We have a big desk.

_____

5 Tom often watches movies.

_____

Word List

English	Korean	English	Korean
bake	굽다	happy	행복한
blue	파란색의, 파란색	live	살다
brother	남자 형제	math	수학, 산수
cake	케이크	play	(악기를) 치다, 연주하다
eye	눈	talk	말하다

Step 1
 다음의 우리말 표현을 영어로 쓰세요.

1 그들은 일한다
   ↓   ↓
   They   work

2 당신은 산다

_____

3 당신의 엄마는 굽는다

_____

4 Gina는 좋아한다

_____

5 그들은 공부한다

_____

6 당신의 고양이는 가지고 있다

_____

7 당신은 본다

_____

8 당신의 남동생은 (your brother) (악기를) 친다

_____

9 당신은 말한다

_____

10 우리는 ~해 보인다 (look)

_____

 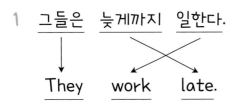 다음의 우리말 표현을 영어로 쓰세요.

1 그들은 늦게까지 일한다.

They   work   late.

2 당신은 서울에 (in Seoul) 산다.

_____

3 당신의 엄마는 케이크들을 (cakes) 굽는다.

_____

4 Gina는 커피를 (coffee) 좋아한다.

_____

5 그들은 수학을 공부한다.

_____

6 당신의 고양이는 파란 눈을 (blue eyes) 가지고 있다.

_____

7 당신은 TV를 본다.

_____

8 당신의 남동생은 기타를 친다.

_____

9 당신은 말을 많이 (a lot) 한다.

_____

10 우리는 행복해 보인다.

_____

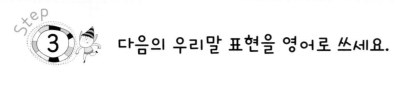

3 다음의 우리말 표현을 영어로 쓰세요.

1 그들은 늦게까지 일합 니까 ?

    Do they work late?

2 당신은 서울에 삽 니까 ?

_____

3 당신의 엄마는 케이크들을 굽습 니까 ?

_____

4 Gina는 커피를 좋아합 니까 ?

_____

5 그들은 수학을 공부합 니까 ?

_____

6 당신의 고양이는 파란 눈을 가지고 있습 니까 ?

_____

7 당신은 TV를 봅 니까 ?

_____

8 당신의 남동생은 기타를 칩 니까 ?

_____

9 당신은 말을 많이 합 니까 ?

_____

10 우리가 행복해 보입 니까 ?

_____

A. 빈칸을 채우세요.

English	Korean	English	Korean
	굽다		행복한
	파란색의, 파란색	live	
brother			수학, 산수
	케이크	play	
eye			말하다

B. 빈칸을 채우세요.

1 일반동사는 반복되는   행동을 묘사할 때 사용한다.

→ I exercise after dinner.

2 일반동사는 일반적인   을 묘사할 때 사용한다.

→ My cat has golden eyes.

C. 그림을 보고 주어진 동사를 사용하여 의문문을 완성하세요.

1

2

3

I am Tom.
I'm from Korea.
I like to swim.

4

Word Box

bake   walk   speak   have

1 _____ they _____ to school?

2 _____ you _____ many books?

3 _____ Tom _____ English?

4 _____ your mom _____ cookies?

A. 주어진 단어를 사용하여 문장을 완성하세요.

| do | does |

1 _____ you study at night?

2 _____ she watch TV?

3 _____ you like orange juice?

4 _____ he live in Busan?

5 _____ Mom go to bed late?

B. 다음 문장에서 일반동사에 동그라미 하세요.

1 We don't have a car.

2 I play soccer.

3 They have two beds.

4 The soup looks delicious.

5 She talks a lot.

56

C. 주어진 단어를 사용하여 문장을 완성하세요.

1 work / we / hard / .

_____

2 the dog / cheese / likes / .

_____

3 don't / I / watch movies / .

_____

4 your cat / blue eyes / does / have / ?

_____

D. 다음 문장을 영작하세요.

1 Gina는 커피를 좋아합니까? (like, coffee)

_____

2 소들은 우유를 만든다. (make milk)

_____

3 Sarah는 숙제를 하지 않는다. (do homework)

_____

4 내 컴퓨터가 잘 작동하지 않는다. (my computer, work)

_____

Lesson 1

현재진행형 긍정문

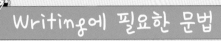
Writing에 필요한 문법

① 현재진행형 긍정문의 형태

주어	be동사	동사원형-ing
I	am	
You / They / We	are	walking.
He / She / It	is	

② 현재진행형 긍정문 맛보기

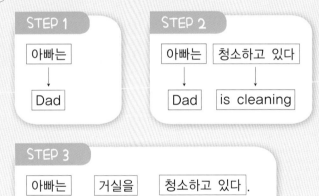

③ 현재진행형 긍정문의 쓰임

예문	해석
I am watching TV.	~하고 있다, ~하고 있는 중이다
You are eating dinner.	

* 동사원형 -ing 만드는 규칙

동사의 끝	규칙	예시
대부분의 동사	동사원형에 ing를 붙인다.	study – studying go – going
-e로 끝나는 동사	e를 없애고 ing를 붙인다.	come – coming drive – driving
모음 한 개＋자음 한 개로 끝나는 동사	마지막 자음을 하나 더 붙이고 ing를 붙인다.	sit – sitting run – running
-ie로 끝나는 동사	ie를 y로 바꾸고 ing를 붙인다.	die – dying lie – lying

Writing에 필요한 문법 확인

A. 다음 중 알맞은 것을 고르세요.

1 Jason is (drinking / drinkking) milk.

2 They are (playing / plaing) the guitar.

3 The baby is (sleeping / sleepping) well.

4 I am (siting / sitting) on the bench.

5 She is (driving / driveing) a car.

B. 주어진 동사를 이용하여 현재진행형 문장을 완성하세요.

1 They are _____ math. (study)

2 Kelly is _____ on the street. (walk)

3 My dad is _____ his car. (fix)

4 I am _____ in the sea. (swim)

5 He is _____ breakfast. (have)

C. 다음 중 알맞은 것을 고르세요.

1 We (like / are liking) the movie.

2 I (have / are having) a computer.

3 Kelly (opening / is opening) the window.

4 The boy (paint / is painting) a picture.

5 They (has / are having) dinner together.

D. 다음 문장을 현재진행형 문장으로 바꿔 쓰세요.

1 I read a newspaper.

_____

2 She makes cookies.

_____

3 You buy a scarf.

_____

4 Mr. Kim runs to the house.

_____

5 He uses the new computer.

_____

 **Word List**

English	Korean	English	Korean
carry	나르다	enjoy	즐기다
clean	청소하다	lie	거짓말하다
come	오다	ride	타다
cook	요리하다	sit	앉다
cut	자르다	write	쓰다

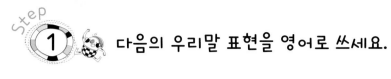

다음의 우리말 표현을 영어로 쓰세요.

1 아빠는

  ↓

  Dad

2 나는

_____

3 당신은

_____

4 그들은

_____

5 Cindy는

_____

6 그는

_____

7 당신들은

_____

8 Tom은

_____

9 나는

_____

10 Jenny는

_____

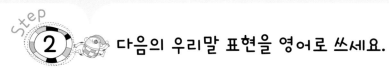

Step ② 다음의 우리말 표현을 영어로 쓰세요.

1   아빠는   청소하고 있다
        ↓   ↓
    Dad   is cleaning

2   나는   요리하고 있다

    _____

3   당신은   쓰고 있다

    _____

4   그들은   나르고 있다

    _____

5   Cindy는   앉아있는 중이다

    _____

6   그는   거짓말하고 있다

    _____

7   당신들은   즐기고 있다

    _____

8   Tom은   타고 있다

    _____

9   나는   자르고 있다

    _____

10   Jenny는   오고 있다

    _____

Step 3 다음의 우리말 표현을 영어로 쓰세요.

1 아빠는 거실을 청소하고 있다.

   Dad is cleaning the living room .

2 나는 파스타를 (pasta) 요리하고 있다.

   _____

3 당신은 편지를 (a letter) 쓰고 있다.

   _____

4 그들은 상자들을 (boxes) 나르고 있다.

   _____

5 Cindy는 바위 위에 (on a rock) 앉아있는 중이다.

   _____

6 그는 당신에게 (to you) 거짓말하고 있다.

   _____

7 당신들은 파티를 (the party) 즐기고 있다.

   _____

8 Tom은 자전거를 (a bicycle) 타고 있다.

   _____

9 나는 케이크를 (the cake) 자르고 있다.

   _____

10 Jenny는 집에 (home) 오고 있다.

   _____

A. 빈칸을 채우세요.

English	Korean	English	Korean
carry		enjoy	
	청소하다	lie	
	오다	ride	
cook			앉다
	자르다		쓰다

B. 빈칸을 채우세요.

＊동사원형 -ing 만드는 규칙

1 대부분의 동사는 동사원형에 ⬚ 를 붙인다.

2 -e로 끝나는 동사는 ⬚ 를 없애고 ing를 붙인다.

3 모음 한 개 + 자음 한 개로 끝나는 동사는 ⬚ 을 하나 더 붙이고 ing를 붙인다.

4 -ie로 끝나는 동사는 ie를 ⬚ 로 고치고 ing를 붙인다.

C. 빈칸을 채우세요.

동사원형	진행형
study	
come	
sit	
die	

64

D. 그림을 보고 주어진 동사를 이용하여 현재진행형 문장을 완성하세요.

1

2

3 Sarah

4

Word Box

drive   study   clean   sit

1 My mom _____ the house.

2 The children _____ on the grass.

3 Sarah _____ a car.

4 I _____ English.

현재진행형 부정문

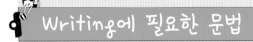

Writing에 필요한 문법

① 현재진행형 부정문의 형태

주어	be동사 부정형	동사원형-ing
I	am not	
You / They / We	are not (aren't)	sleeping.
He / She / It	is not (isn't)	

② 현재진행형 부정문 맛보기

STEP 1

그들은
↓
They

STEP 2

그들은	공부하고 있다
↓	↓
They	are studying

STEP 3

그들은	공부하고 있지 않다
↓	↓
They	are not studying

③ 현재진행형 부정문의 쓰임

예문	해석
I am not running.	~하고 있지 않다
He is not working.	

* 감정의 상태를 나타내는 동사(like)나 소유를 나타내는 동사(have 등)는 진행형을 쓰지 않는다.

  – I like you. (○)   I am liking you. (X)

     He has a pencil. (○)   He is having a pencil. (X)

단, have가 '먹다/시간을 보내다'의 의미로 쓰일 경우에는 진행형이 가능하다.

(예문) I am having dinner.

          They are having a good time.

Writing에 필요한 문법 확인

A. 동사가 올바르게 쓰인 문장에 동그라미 하세요.

1 Daniel is liking you.

2 I have a computer.

3 She is having a puppy.

4 You don't like cookies.

5 We are having a good time.

B. 다음 중 틀린 부분을 고쳐 바르게 쓰세요. 틀린 부분이 없다면 X 하세요.

1 You are having a car. _____

2 I am liking apples. _____

3 They are having dinner. _____

4 Jay is having a guitar. _____

5 She doesn't like English. _____

C. 괄호 안의 단어가 들어갈 위치에 V 하세요.

1 They are singing a song. (not)

2 He is riding a bike. (not)

3 I am drawing a picture. (not)

4 She is drinking milk. (not)

5 We are wearing a hat. (not)

D. 다음 문장을 부정문으로 바꿔 쓰세요.

1 He is washing his hands.

_____

2 The brothers are playing baseball.

_____

3 We are eating hamburgers.

_____

4 She is buying oranges.

_____

5 I am learning Chinese.

_____

Word List

English	Korean	English	Korean
cry	울다	run	달리다
dance	춤추다	sing	노래하다
fight	싸우다	sleep	잠자다
fly	날다	study	공부하다
lie	거짓말하다	swim	수영하다

  다음의 우리말 표현을 영어로 쓰세요.

1 <u>그들은</u>

↓

<u>They</u>

2 Jack과 Amy는

_____

3 그 아기는 (the baby)

_____

4 그녀는

_____

5 그들은

_____

6 그 나비는 (the butterfly)

_____

7 그 고양이는 (the cat)

_____

8 그 새들은 (the birds)

_____

9 우리는

_____

10 나는

_____

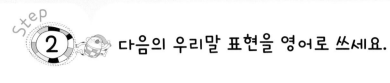
1 그들은 공부하고 있다.
   ↓   ↓
   They   are studying.

2 Jack과 Amy는   춤추고 있다 .

_____

3 그 아기는   울고 있다 .

_____

4 그녀는   달리고 있다 .

_____

5 그들은   수영하고 있다 .

_____

6 그 나비는   날고 있다 .

_____

7 그 고양이는   잠자고 있다 .

_____

8 그 새들은   노래하고 있다 .

_____

9 우리는   싸우고 있다 .

_____

10 나는   거짓말하고 있다 .

_____

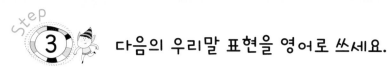

3 다음의 우리말 표현을 영어로 쓰세요.

1 그들은 공부하고 있지 않다 .

They are not studying.

2 Jack과 Amy는 춤추고 있지 않다 .

_____

3 그 아기는 울고 있지 않다 .

_____

4 그녀는 달리고 있지 않다 .

_____

5 그들은 수영하고 있지 않다 .

_____

6 그 나비는 날고 있지 않다 .

_____

7 그 고양이는 잠자고 있지 않다 .

_____

8 그 새들은 노래하고 있지 않다 .

_____

9 우리는 싸우고 있지 않다 .

_____

10 나는 거짓말하고 있지 않다 .

_____

A. 빈칸을 채우세요.

English	Korean	English	Korean
	울다	run	
	춤추다	sing	
fight			잠자다
	날다	study	
lie			수영하다

B. 빈칸을 채우세요.

1 like처럼 [   ]의 상태를 나타내는 동사는 진행형을 쓰지 않는다.

2 have처럼 [   ]를 나타내는 동사는 진행형을 쓰지 않는다.

3 have 동사가 진행형으로 쓰일 수 있는 경우는 [   ] 또는

[   ]의 의미로 쓰인 경우에만 가능하다.

C. 다음 중 알맞은 것을 고르세요.

1 I (like / am liking) you.

2 He (has / is having) a pencil.

3 They (has / are having) a good time.

D. 그림을 보고 주어진 동사를 이용하여 현재진행형 부정문을 완성하세요.

1

2

3

4

Word Box

cut   dance   wash   play

1 Jane _____ her face.

2 The boys _____ soccer.

3 They _____ on stage.

4 The girls _____ the cake.

현재진행형 의문문

Writing에 필요한 문법

① 현재진행형 의문문의 형태

be동사	주어	동사원형-ing
Am	I	
Are	you / they / we	painting?
Is	he / she / it	

② 현재진행형 의문문 맛보기

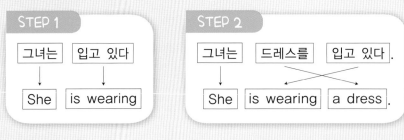

STEP 1

그녀는	입고 있다
↓	↓
She	is wearing

STEP 2

그녀는	드레스를	입고 있다 .
She	is wearing	a dress .

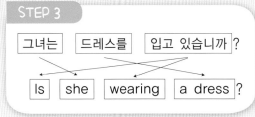

STEP 3

그녀는	드레스를	입고 있습니까 ?
Is	she	wearing	a dress ?

③ 현재진행형 의문문의 쓰임

예문	해석
Is he playing soccer?	~하고 있습니까?
Are they building a house?	

* **현재진행형 의문문에 대한 대답**
  - 긍정일 때는 'Yes, 주어 + be동사.'로 대답한다.
  - 부정일 때는 'No, 주어 + be동사 + not.'으로 대답한다.
  - 대답할 때의 주어는 알맞은 대명사를 사용한다.
  (예문) Q: Is Sam reading a book? A: Yes, he is. / No, he isn't.
  　　　 Q: Are you having dinner? A: Yes, I am. / No, I'm not.

Writing에 필요한 문법 확인

A. 알맞은 대답에 동그라미 하세요.

1 Q: Is the girl writing a letter?

　A: (Yes, he is. / No, she isn't.)

2 Q: Are you eating breakfast?

　A: (Yes, I am. / Yes, I'm not.)

3 Q: Is he making pizza?

　A: (No, he is. / No, he isn't.)

4 Q: Are they watching a movie?

　A: (Yes, they are. / No, we aren't.)

5 Q: Are you and Jane studying?

　A: (Yes, you are. / No, we aren't.)

B. 다음 질문에 대한 대답을 완성하세요.

1 Q: Are they playing baseball?　　A: _____, they aren't.

2 Q: Are you buying bread?　　A: _____, I am.

3 Q: Is Sarah cleaning the house?　A: No, _____.

4 Q: Is Jack drinking milk?　　A: Yes, _____.

5 Q: Are you and Tyler working?　A: Yes, _____.

C. 다음 문장을 의문문으로 바꿔 쓰세요.

1 He is sleeping on the sofa.

_____

2 You are drinking water.

_____

3 Sam is watching a movie.

_____

4 They are fixing a car.

_____

5 The kangaroo is jumping high.

_____

D. 주어진 단어를 사용하여 문장을 완성하세요.

1 drinking / is / juice / Kelly / ?　　_____

2 are / studying / you / math / ?　　_____

3 the dishes / he / is / washing / ?　_____

4 making / they / are / a boat / ?　　_____

5 is / wearing / Joe / a jacket / ?　　_____

Word List

English	Korean	English	Korean
dig	(구멍 등을) 파다	open	열다
drive	운전하다	plant	(나무 등을) 심다
fix	고치다	ski	스키를 타다
help	돕다	speak	말하다
hold	들다, 잡다	wear	입다

Step 1
 다음의 우리말 표현을 영어로 쓰세요.

1 <u>그녀는</u> <u>입고 있다</u>
   ↓   ↓
   <u>She</u>   <u>is wearing</u>

2 그는   들고 있다

_____

3 그들은   돕고 있다

_____

4 당신은   파고 있다

_____

5 Tom과 Sally는   스키를 타고 있다

_____

6 Mr. Kim은   고치고 있다

_____

7 Serena는   열고 있다

_____

8 그는   운전하고 있다

_____

9 그 여자는 (the woman)   심고 있다

_____

10 당신들은   말하고 있다

_____

 **다음의 우리말 표현을 영어로 쓰세요.**

1 그녀는 드레스를 입고 있다.

   She is wearing a dress.

2 그는 숟가락을 (a spoon) 들고 있다.

   _____

3 그들은 노인들을 (old people) 돕고 있다.

   _____

4 당신은 구멍을 (a hole) 파고 있다.

   _____

5 Tom과 Sally는 언덕에서 (on the hill) 스키를 타고 있다.

   _____

6 Mr. Kim은 컴퓨터를 (a computer) 고치고 있다.

   _____

7 Serena는 창문을 (the window) 열고 있다.

   _____

8 그는 트럭을 (a truck) 운전하고 있다.

   _____

9 그 여자는 나무를 (a tree) 심고 있다.

   _____

10 당신들은 영어로 (in English) 말하고 있다.

   _____

step 3 다음의 우리말 표현을 영어로 쓰세요.

1 그녀는 드레스를 입고 있습니까 ?

   Is she wearing a dress?

2 그는 숟가락을 들고 있습니까 ?

_____

3 그들은 노인들을 돕고 있습니까 ?

_____

4 당신은 구멍을 파고 있습니까 ?

_____

5 Tom과 Sally는 언덕에서 스키를 타고 있습니까 ?

_____

6 Mr. Kim은 컴퓨터를 고치고 있습니까 ?

_____

7 Serena는 창문을 열고 있습니까 ?

_____

8 그는 트럭을 운전하고 있습니까 ?

_____

9 그 여자는 나무를 심고 있습니까 ?

_____

10 당신들은 영어로 말하고 있습니까 ?

_____

A. 빈칸을 채우세요.

English	Korean	English	Korean
dig			살다
drive		plant	
	고치다		스키를 타다
	돕다	speak	
hold			입다

B. 빈칸을 채우세요.

1 현재진행형 의문문에 대한 긍정의 대답은 '   , 주어 + be동사.'
로 답한다.

2 현재진행형 의문문에 대한 부정의 대답은 '   , 주어 + be동사 +
        .'으로 답한다.

3 다음 질문에 대한 대답을 완성하세요.

Q: Are Mike and Melany riding a bike?   A: Yes,   are.

Q: Is your father eating breakfast?   A: No,   isn't.

C. 그림을 보고 주어진 동사를 이용하여 현재진행형 의문문을 완성하세요.

1

2

3

4

Word Box

paint   carry   run   skate

1 _____ you _____ a picture?

2 _____ she _____ in the park?

3 _____ they _____ a box?

4 _____ he _____ on the ice?

A. 다음 중 알맞은 것을 고르세요.

1 They (are playing / are plaing) baseball.

2 She (is sking / is skiing) now.

3 I (am liking / like) my friends.

4 You (are running / are runing) in the park.

5 He (have / is having) lunch.

B. 다음 질문에 대한 대답을 완성하세요.

1 Q: Is your sister taking a picture?

  A: Yes, _____.

2 Q: Are you(당신) washing the dishes?

  A: No, _____.

3 Q: Are the students doing homework?

  A: Yes, _____.

4 Q: Is David enjoying the party?

  A: No, _____.

5 Q: Are you(당신들) moving the boxes?

  A: Yes, _____.

C. 주어진 단어를 사용하여 문장을 완성하세요.

1 is / he / the cake / cutting / .

_____

2 they / not / playing / tennis / are / .

_____

3 eating / grapes / are / you / ?

_____

4 not / I / riding / a horse / am / .

_____

D. 다음 문장을 영작하세요.

1 그들은 피아노를 나르고 있다. (carry, a piano)

_____

2 우리는 수프를 만들고 있지 않다. (make, soup)

_____

3 그녀는 침대에서 잠을 자고 있습니까? (sleep, in the bed)

_____

4 당신은 셔츠를 입고 있습니까? (wear, a shirt)

_____

미래형 긍정문

Writing에 필요한 문법

① 미래형 긍정문의 형태

미래형 표현에는 will을 사용한다.

주어	will	동사원형	
I			
You / They / We	will	play	soccer.
He / She / It			

② 미래형 긍정문 맛보기

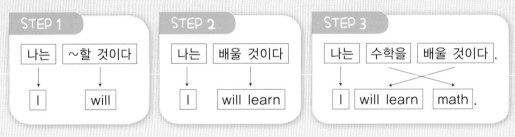

③ 미래형 긍정문의 쓰임

예문	해석
We will work hard.	~할 것이다
She will move to Seoul.	

* 비인칭 주어 it

– 날씨, 시간, 요일을 나타낼 때에는 주어 it을 사용한다.
이때, it은 뜻이 없으므로 '그것'이라고 해석하지 않는다.

(예문) It will snow next week. (다음 주에 눈이 내릴 것이다.)

It will be hot tomorrow. (내일은 더울 것이다.)

It is 5 o'clock. (5시이다.)

It is Monday. (월요일이다.)

Writing에 필요한 문법 확인

A. 비인칭 주어 it이 쓰인 문장에 동그라미 하세요.

1 It will be rainy.

2 It is a book.

3 It is Sunday today.

4 It is an apple.

5 It is 3 o'clock.

B. 한글 표현이 올바른 것에 동그라미 하세요.

1 It will snow this weekend.
(그것은 이번 주에 눈이 내릴 것이다. / 이번 주에 눈이 내릴 것이다.)

2 It is a nice car.
(그것은 멋진 자동차이다. / 멋진 자동차이다.)

3 It will be cold this winter.
(그것은 올겨울에 추울 것이다. / 올겨울은 추울 것이다.)

4 It is Friday today.
(그것은 오늘 금요일이다. / 오늘은 금요일이다.)

5 It is your backpack.
(그것은 당신의 배낭이다. / 당신의 배낭이다.)

C. 다음 중 알맞은 것을 고르세요.

1 Bill will (drink / drinks) juice.

2 She will (visiting / visit) the museum.

3 I will (am / be) 9 years old next year.

4 He will (buy / buys) pants.

5 They will (listening / listen) to music.

D. 다음 문장을 미래형 문장으로 바꿔 쓰세요.

1 My mother goes to the market.

_____

2 You wash your face.

_____

3 He has fun.

_____

4 I wait for you.

_____

5 It is sunny tomorrow.

_____

 **Word List**

English	Korean	English	Korean
do	~을/를 하다	meet	만나다
draw	(그림을) 그리다	pilot	조종사
fly	(연 등을) 날리다	teach	가르치다
invite	초대하다	use	사용하다
learn	배우다	visit	방문하다

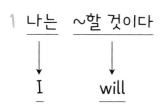 다음의 우리말 표현을 영어로 쓰세요.

1 나는 ~할 것이다
   ↓   ↓
   I   will

2 그녀는 ~할 것이다

_____

3 우리는 ~할 것이다

_____

4 그 학생들은 (the students) ~할 것이다

_____

5 그는 ~할 것이다

_____

6 그들은 ~할 것이다

_____

7 그 소년은 (the boy) ~할 것이다

_____

8 Catherine은 ~할 것이다

_____

9 나는 ~할 것이다

_____

10 Tom은 ~할 것이다

_____

  다음의 우리말 표현을 영어로 쓰세요.

1 나는 배울 것이다

　　↓　　↓

　　I　 will learn

2 그녀는 날릴 것이다

_____

3 우리는 만날 것이다

_____

4 그 학생들은 할 것이다

_____

5 그는 초대할 것이다

_____

6 그들은 방문할 것이다

_____

7 그 소년은 그릴 것이다

_____

8 Catherine은 사용할 것이다

_____

9 나는 가르칠 것이다

_____

10 Tom은 될 것이다 (be)

_____

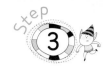

Step **3** 다음의 우리말 표현을 영어로 쓰세요.

1 나는 수학을 배울 것이다.

I will learn math .

2 그녀는 연을 (a kite) 날릴 것이다.

_____

3 우리는 그 선생님을 (the teacher) 만날 것이다.

_____

4 그 학생들은 그 숙제를 (the homework) 할 것이다.

_____

5 그는 Mr. Brown을 초대할 것이다.

_____

6 그들은 그 동물원을 (the zoo) 방문할 것이다.

_____

7 그 소년은 그림을 (a picture) 그릴 것이다.

_____

8 Catherine은 그 컴퓨터를 (the computer) 사용할 것이다.

_____

9 나는 요가를 (yoga) 가르칠 것이다.

_____

10 Tom은 조종사가 (a pilot) 될 것이다.

_____

A. 빈칸을 채우세요.

English	Korean	English	Korean
do	만나다	meet	
	(그림을) 그리다	pilot	
fly			가르치다
	초대하다	use	
learn			방문하다

B. 빈칸을 채우세요.

1 날씨, 시간, 요일을 나타낼 때에는 주어 [   ] 을 사용한다.

2 비인칭 주어 it은 [   ] 이 없으므로 '그것'이라고 해석하지 않는다.

3 알맞은 단어를 넣어 문장을 완성하세요.

[   ] will be rainy tomorrow.

[   ] is 2 o'clock.

[   ] is Friday.

C. 그림을 보고 주어진 동사를 이용하여 미래형 문장을 완성하세요.

1

2

3

Jay

4

Word Box

| be | make | go | buy |

1 We _____ to the zoo.

2 I _____ a teacher.

3 Jay _____ a book.

4 Mom _____ cookies.

미래형 부정문

 Writing에 필요한 문법

① 미래형 부정문의 형태

주어	will not	동사원형
I		
You / They / We	will not (won't)	swim.
He / She / It		

② 미래형 부정문 맛보기

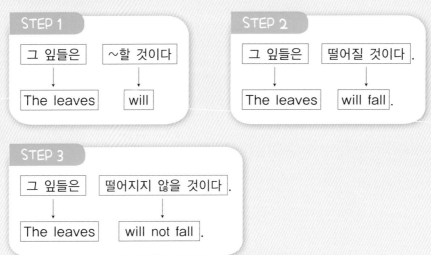

STEP 1

그 잎들은	~할 것이다

| The leaves | will |

STEP 2

그 잎들은	떨어질 것이다 |.

| The leaves | will fall |.

STEP 3

그 잎들은	떨어지지 않을 것이다 |.

| The leaves | will not fall |.

③ 미래형 부정문의 쓰임

예문	해석
Anne will not come back.	~하지 않을 것이다
I will not be a doctor.	

* **소유격**
 – '~의'라는 소유를 나타낸다.
 – 소유격의 종류

my (나의)	its (그것의)
your (당신의/당신들의)	our (우리들의)
his (그의)	their (그들의)
her (그녀의)	

 – 소유격 뒤에는 항상 명사가 함께 나온다.
 (예시) my book (나의 책)   her dress (그녀의 드레스)
 (예문) My brother is a student. (나의 남동생은 학생이다.)

Writing에 필요한 문법 확인

A. 다음 중 알맞은 것을 고르세요.

1 그들의 (they / your / their)

2 그녀의 (her / his / she)

3 당신은 (your / you / my)

4 그것의 (my / I / its)

5 우리들은 (you / we / our)

B. 알맞은 단어를 넣어 문장을 완성하세요.

1 It is _____ bicycle.   (그것은 당신의 자전거이다.)

2 This is _____ flower. (이것은 그녀의 꽃이다.)

3 That is _____ school. (저것은 우리의 학교이다.)

4 It is _____ pencil.   (그것은 나의 연필이다.)

5 This is _____ desk.   (이것은 그의 책상이다.)

C. 괄호 안의 단어가 들어갈 위치에 V 하세요.

1 Maria read a book. (won't)

2 My mom will clean the house. (not)

3 Her brother like the toy. (won't)

4 I will take the bus. (not)

5 They paint the house. (won't)

D. 다음 문장을 부정문으로 바꿔 쓰세요.

1 Robert will play soccer.

_____

2 She will get up early.

_____

3 We will eat pizza.

_____

4 My sister will be a scientist.

_____

5 I will learn Chinese.

_____

 Word List

English	Korean	English	Korean
agree	동의하다	happen	발생하다
appear	나타나다	sad	슬픈
daughter	딸	skate	스케이트를 타다
die	죽다	smile	미소를 짓다
fall	떨어지다	wait	기다리다

 다음의 우리말 표현을 영어로 쓰세요.

1 그 잎들은 ~할 것이다

The leaves will

2 나의 남동생은 (my brother) ~할 것이다

_____

3 그것은 ~할 것이다

_____

4 그의 아들은 (his son) ~할 것이다

_____

5 Cindy는 ~할 것이다

_____

6 당신은 ~할 것이다

_____

7 그녀의 딸은 ~할 것이다

_____

8 그 남자는 (the man) ~할 것이다

_____

9 당신의 친구는 (your friend) ~할 것이다

_____

10 그녀의 부모님은 (her parents) ~할 것이다

_____

Step 2 🐸 다음의 우리말 표현을 영어로 쓰세요.

1 <u>그 잎들은</u> <u>떨어질 것이다.</u>
   ↓   ↓
   <u>The leaves</u> <u>will fall.</u>

2 나의 남동생은 스케이트를 탈 것이다.

_____

3 그것은 발생할 것이다.

_____

4 그의 아들은 미소지을 것이다.

_____

5 Cindy는 슬플 것이다.

_____

6 당신은 죽을 것이다.

_____

7 그녀의 딸은 거짓말할 (lie) 것이다.

_____

8 그 남자는 나타날 것이다.

_____

9 당신의 친구는 기다릴 것이다.

_____

10 그녀의 부모님은 동의할 것이다.

_____

step 3 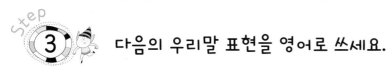 다음의 우리말 표현을 영어로 쓰세요.

1 그 잎들은 떨어지지 않을 것이다.

The leaves will not fall.

2 나의 남동생은 스케이트를 타지 않을 것이다.

_____

3 그것은 발생하지 않을 것이다.

_____

4 그의 아들은 미소 짓지 않을 것이다.

_____

5 Cindy는 슬프지 않을 것이다.

_____

6 당신은 죽지 않을 것이다.

_____

7 그녀의 딸은 거짓말하지 않을 것이다.

_____

8 그 남자는 나타나지 않을 것이다.

_____

9 당신의 친구는 기다리지 않을 것이다.

_____

10 그녀의 부모님은 동의하지 않을 것이다.

_____

A. 빈칸을 채우세요.

English	Korean	English	Korean
agree			발생하다
appear		sad	
	딸	skate	
	죽다		미소를 짓다
fall		wait	

B. 빈칸을 채우세요.

1 소유격은 소유를 나타내는 표현으로 　　　　　라는 뜻을 가진다.

2 소유격 뒤에는 항상 　　　　　가 나온다.

C. 빈칸에 알맞은 소유격을 쓰세요.

나의		그것의	
당신의/당신들의		우리들의	
그의		그들의	
그녀의			

D. 그림을 보고 주어진 동사를 이용하여 미래형 부정문을 완성하세요.

1

2

3

4

Word Box

eat   read   take   be

1 It _____ rainy tomorrow.

2 The man _____ pizza.

3 You _____ a book.

4 They _____ the bus.

미래형 의문문

Writing에 필요한 문법

① 미래형 의문문의 형태

Will	주어	동사원형
Will	I	eat?
	you / they / we	
	he / she / it	

② 미래형 의문문 맛보기

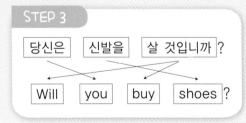

③ 미래형 의문문의 쓰임

예문	해석
Will your dad arrive tomorrow?	~할 것입니까?
Will they move the boxes?	

＊ 미래의 의문문에 대한 대답

　－ 긍정일 때는 'Yes, 주어 + will.'로 대답한다.

　－ 부정일 때는 'No, 주어 + won't.'로 대답한다.

　－ 대답할 때의 주어는 알맞은 대명사를 사용한다.

　　(예문) Q: Will you go to church?　A: Yes, I will. / No, I won't.

　　　　　Q: Will Mr. Kim do the work?

　　　　　A: Yes, he will. / No, he won't.

Writing에 필요한 문법 확인

A. 알맞은 대답에 동그라미 하세요.

1　Q: Will it rain tommorrow?
　A: (Yes, it will. / No, it isn't.)

2　Q: Will Mary and Jay eat lunch?
　A: (Yes, they are. / No, they won't.)

3　Q: Will Sally sing a song?
　A: (Yes, she will. / No, she isn't.)

4　Q: Will Terry plant a tree?
　A: (Yes, he does. / No, he won't.)

5　Q: Will you play a game?
　A: (Yes, I will. / No, I don't.)

B. 다음 질문에 대한 대답을 완성하세요.

1　Q: Will your parents go shopping?　　A: _____, they won't.

2　Q: Will Eric go to the museum?　　A: _____, he will.

3　Q: Will you (당신은) be a dentist?　　A: Yes, _____.

4　Q: Will Sally invite her friends?　　A: No, _____.

5　Q: Will you (당신들) have a party?　　A: No, _____.

C. 다음 문장을 의문문으로 바꿔 쓰세요.

1 Tom will be 10 years old next year.

_____

2 You will meet your friends.

_____

3 The kids will go on a picnic.

_____

4 They will listen to music.

_____

5 He will start his work.

_____

D. 주어진 단어를 사용하여 문장을 완성하세요.

1 she / will / a letter / write / ? _____

2 will / the subway / you / take / ? _____

3 be / he / will / a teacher / ? _____

4 they / a house / build / will / ? _____

5 will / dinner / your family / eat / ? _____

Word List

English	Korean	English	Korean
blouse	블라우스	move	이사하다
bring	가져오다	save	저축하다
diary	일기	sell	팔다
grandparents	조부모님	stay	머무르다
iron	다리미질을 하다	vegetable	채소

 다음의 우리말 표현을 영어로 쓰세요.

1 <u>당신은</u> <u>살 것이다</u>
   ↓   ↓
   You   will buy

2 Sarah는 도울 것이다 (help)

_____

3 그는 이사할 것이다

_____

4 Tony는 방문할 것이다 (visit)

_____

5 Mark는 쓸 것이다 (write)

_____

6 그 농부는 (the farmer) 팔 것이다

_____

7 Joan은 다리미질을 할 것이다

_____

8 그들은 머무를 것이다

_____

9 그녀는 가져올 것이다

_____

10 그는 저축할 것이다

_____

 **다음의 우리말 표현을 영어로 쓰세요.**

1 <u>당신은</u> <u>신발을</u> <u>살 것이다.</u>

<u>You</u>   <u>will buy</u>   <u>shoes.</u>

2 Sarah는 우리의 선생님을 도울 것이다.

_____

3 그는 다음 달에 (next month) 이사할 것이다.

_____

4 Tony는 그의 조부모님을 방문할 것이다.

_____

5 Mark는 일기를 (a diary) 쓸 것이다.

_____

6 그 농부는 그 채소들을 (the vegetables) 팔 것이다.

_____

7 Joan은 그녀의 블라우스를 다리미질을 할 것이다.

_____

8 그들은 나의 집에 (in my house) 머무를 것이다.

_____

9 그녀는 약간의 음식을 (some food) 가져올 것이다.

_____

10 그는 돈을 (money) 저축할 것이다.

_____

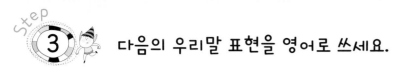

3 다음의 우리말 표현을 영어로 쓰세요.

1 당신은 신발을 살 것입니까 ?

　Will　 you buy shoes?

2 Sarah는 우리의 선생님을 도울 것입니까 ?

　_____

3 그는 다음 달에 이사할 것입니까 ?

　_____

4 Tony는 그의 조부모님을 방문할 것입니까 ?

　_____

5 Mark는 일기를 쓸 것입니까 ?

　_____

6 그 농부는 그 채소들을 팔 것입니까 ?

　_____

7 Joan은 그녀의 블라우스를 다리미질을 할 것입니까 ?

　_____

8 그들은 나의 집에 머무를 것입니까 ?

　_____

9 그녀는 약간의 음식을 가져올 것입니까 ?

　_____

10 그는 돈을 저축할 것입니까 ?

　_____

A. 빈칸을 채우세요.

English	Korean	English	Korean
	블라우스	move	
bring			저축하다
	일기	sell	
grandparents			머무르다
	다리미질을 하다	vegetable	

B. 빈칸을 채우세요.

1 미래형 의문문에 대한 긍정의 대답은 'Yes, 주어 +   .'로 답한다.

2 미래형 의문문에 대한 부정의 대답은 'No, 주어 +   .'로 답한다.

3 질문에 대한 대답을 완성하세요.

Q: Will the woman make cookies?   A: Yes,   .

Q: Will the man drive the bus?   A: No,   .

C. 그림을 보고 주어진 동사를 이용하여 미래형 의문문을 완성하세요.

1

2

3

4

Word Box

listen   be   watch   move

1 _____ she _____ to music?

2 _____ they _____ TV?

3 _____ your family _____ to Seoul?

4 _____ you _____ a doctor?

A. 다음 중 알맞은 것을 고르세요.

1 (You / It / He) will snow tomorrow.

2 (Her / She / It) brother will be excited.

3 They are (you / they / my) snacks.

4 (He / Her / Their) will study for the exam.

5 It is (I / your / you) chair.

B. 다음 질문에 대한 대답을 완성하세요.

1 Q: Will you (당신) wear the coat?
  A: Yes, _____.

2 Q: Will Tom and his brother dance?
  A: No, _____.

3 Q: Will your mother bake bread?
  A: Yes, _____.

4 Q: Will Jason read the books?
  A: No, _____.

5 Q: Will you (당신들) walk to school?
  A: Yes, _____.

C. 주어진 단어를 사용하여 문장을 완성하세요.

1 a jacket / will / Sally / wear / .

_____

2 not / be / It / sunny / will / .

_____

3 will / the project / finish / they / ?

_____

4 we / invite / will / the singer / not / .

_____

D. 다음 문장을 영작하세요.

1 나는 그 문을 고칠 것이다. (fix, the door)

_____

2 내일은 덥지 않을 것이다. (it, hot, tomorrow)

_____

3 당신은 나의 이름을 기억할 것입니까? (remember, my name)

_____

4 당신은 음악가가 될 것입니까? (be, a musician)

_____

 Unit 1
Lesson 1 be동사 긍정문(현재)

▸ Writing에 필요한 문법 확인

A. 1 I am a student.   2 You are cute.
   3 She is nice.   4 We are happy.
   5 They are friends.
B. 1 It is a pencil.   2 I am short.
   3 He is angry.   4 They are smart.
   5 I am a teacher.
C. 1 are   2 is   3 am
   4 is   5 are
D. 1 He's strong.   2 I'm a singer.
   3 They're dogs.   4 You're tall.
   5 She's a nurse.

[Step 1]
2 She   3 He   4 We   5 You   6 They
7 It   8 You   9 I   10 They

[Step 2]
2 She is   3 He is
4 We are   5 You are
6 They are   7 It is
8 You are   9 I am
10 They are

[Step 3]
2 She is a dancer.
3 He is smart.
4 We are friends.
5 You are a farmer.

6 They are strong.
7 It is a peach.
8 You are nice.
9 I am pretty.
10 They are green.

Unit 1. Lesson 1
Quiz Time
A.

English	Korean	English	Korean
dancer	댄서, 무용수	peach	복숭아
farmer	농부	pretty	예쁜
friend	친구	smart	똑똑한
green	녹색의, 녹색	strong	힘이 센
nice	친절한	teacher	선생님

B. 1 단어들   2 대문자   3 주어, 동사
   4 끝
C. 1 is a student
   2 are dentists
   3 is a farmer
   4 is smart

Unit 1
Lesson 2 be동사 부정문(현재)

▸ Writing에 필요한 문법 확인

A. 1 It is a guitar.
   2 You are a dog.
   3 I am Tom.
   4 He is a cat.
   5 It is a doll.

B. 1 He is cute.

  2 You are big.

  3 I am smart.

  4 They are beautiful.

  5 It is yummy.

C. 1 I am v a doctor.

  2 The soup is v hot.

  3 They are v cold.

  4 She is v short.

  5 You are v a nurse.

D. 1 I am not a police officer.

  2 He is not kind.

  3 She is not a high school student.

  4 The flower is not tall.

  5 They are not big.

[Step 1]

2 He is   3 The girl is

4 I am   5 Dad is

6 The soup is   7 We are

8 My room is   9 The photos are

10 They are

[Step 2]

2 He is a nurse .   3 The girl is tall .

4 I am short .   5 Dad is funny .

6 The soup is hot .

7 We are hungry .

8 My room is clean .

9 The photos are clear .

10 They are sad .

[Step 3]

2 He is not a nurse.

3 The girl is not tall.

4 I am not short.

5 Dad is not funny.

6 The soup is not hot.

7 We are not hungry.

8 My room is not clean.

9 The photos are not clear.

10 They are not sad.

Unit 1. Lesson 2

Quiz Time

A.

English	Korean	English	Korean
clean	깨끗한	nurse	간호사
clear	선명한	tall	키가 큰
funny	재미있는	sad	슬픈
hot	뜨거운	short	키가 작은
hungry	배가 고픈, 배고픈	student	학생

B. 1 이름   2 형용사   3 형용사   4 명사

C. 1 is not hot   2 are not happy

  3 is not tall   4 is not a nurse

Unit 1

Lesson 3   be동사 의문문(현재)

Writing에 필요한 문법 확인

A. 1 The dog is cute.

  2 We are strong.

3 (You are pretty).

4 The school is big.

5 (It is a bookstore).

B. 1 (He) is sleepy.

2 (I) am a teacher.

3 (We) are good.

4 (It) is clean.

5 (You) are funny.

C. 1 Is the movie sad?

2 Is he hungry?

3 Are you a student?

4 Is the teacher nice?

5 Is the cat cute?

D. 1 Is the book fun?

2 Is the room clean?

3 Are they beautiful?

4 Are you a farmer?

5 Am I good?

[Step 1]

2 You are

3 She is

4 They are

5 The horse is

6 The boxes are

7 We are

8 Justin is

9 I am

10 The museum is

[Step 2]

2 You are angry.

3 She is a pilot.

4 They are delicious.

5 The horse is fast.

6 The boxes are heavy.

7 We are happy.

8 Justin is a baseball player.

9 I am slow.

10 The museum is huge.

[Step 3]

2 Are you angry?

3 Is she a pilot?

4 Are they delicious?

5 Is the horse fast?

6 Are the boxes heavy?

7 Are we happy?

8 Is Justin a baseball player?

9 Am I slow?

10 Is the museum huge?

Unit 1. Lesson 3

Quiz Time

A.

English	Korean	English	Korean
angry	화가 난, 화난	happy	행복한
box	상자	heavy	무거운
baseball player	야구 선수	huge	거대한, 아주 큰
delicious	맛있는	pilot	조종사
fast	빠른	slow	느린

B. 1 대명사

2 사람

C. 1 She   2 He

3 They   4 It

D. 1 Is, heavy

2 Is, sleepy

3 Are, a farmer

112

4 Is, a baseball player

Unit 1. Check Up

A. 1 am   2 is   3 is
4 are   5 is

B. 1 You are kind.
2 The movie is funny.
3 I am a student.
4 She is a teacher.
5 The horses are hungry.

C. 1 Is it heavy?
2 You are not happy.
3 The cookies are yummy.
4 Is she a high school student?

D. 1 The dog is fast.
2 We are basketball players.
3 Is the girl hungry?
4 The kitchen is not clean.

Unit 2

Lesson 1 일반동사 긍정문(현재)

◀ Writing에 필요한 문법 확인 ▶

A. 1 have   2 walks
3 like   4 sleeps
5 speak

B.

주어	동사	동사의 변화형
He/She/It	drink	drinks
	work	works
	study	studies
	wash	washes
	stay	stays

C. 1 makes   2 like
3 eats   4 play
5 dry

D. 1 play   2 cries
3 eat   4 like
5 fixes

[Step 1]
2 We   3 You   4 Dad   5 Cows
6 The dog   7 Sarah   8 Rabbits
9 The cat   10 They

[Step 2]
2 We work
3 You wash
4 Dad drives
5 Cows make
6 The dog likes
7 Sarah speaks
8 Rabbits run
9 The cat jumps
10 They have

[Step 3]
2 We work hard .
3 You wash your hands .
4 Dad drives a car .
5 Cows make milk .
6 The dog likes cheese .
7 Sarah speaks English .
8 Rabbits run fast .
9 The cat jumps high .
10 They have two beds .

Unit 2. Lesson 1

Quiz Time

A.

English	Korean	English	Korean
drive	운전하다	milk	우유
have	~을/를 가지고 있다	run	달리다
jump	점프하다	wash	씻다, 닦다
like	좋아하다	work	일하다
make	만들다	speak	말하다

B. jumps, teaches, es, s

C. 1 cries   2 play

   3 fixes   4 like

Unit 2
Lesson 2 일반동사 부정문(현재)

Writing에 필요한 문법 확인

A. 1 do not
   2 do not
   3 does not
   4 does not
   5 does not

B. 1 We don't v play soccer.
   2 Mom v drinks tea.
   3 They v study after school.
   4 I don't v play music at night.
   5 My dogs v take a nap.

C. 1 I do not (don't) have a bed.
   2 Turtles do not (don't) move fast.
   3 We do not (don't) study math.
   4 My cat does not (doesn't) jump high.

D. 1 do not (don't) play

2 does not (doesn't) read

3 do not (don't) work

4 do not (don't) watch

5 does not (doesn't) exercise

[Step 1]

2 The soup looks

3 My computer works

4 Mom exercises

5 He reads

6 I watch

7 My dog likes

8 The students do homework

9 You go to bed

10 Dad cleans

[Step 2]

2 The soup looks delicious .

3 My computer works well .

4 Mom usually exercises.

5 He reads novels .

6 I watch movies .

7 My dog likes milk .

8 The students always do homework.

9 You go to bed late .

10 Dad cleans the house .

[Step 3]

2 The soup doesn't look delicious.

3 My computer doesn't work well.

4 Mom doesn't usually exercise.

5 He doesn't read novels.

6 I don't watch movies.

7 My dog doesn't like milk.

8 The students **don't** always do homework.

9 You **don't** go to bed late.

10 Dad **doesn't** clean the house.

Unit 2. Lesson 2
Quiz Time
A.

English	Korean	English	Korean
clean	청소하다	look	~해 보이다
do homework	숙제를 하다	novel	소설
delicious	맛있는	read	읽다
exercise	운동하다	watch	보다
go to bed	자다, 잠자리에 들다	work	작동하다

B. 1 빈도부사

2 often, sometimes

3 be동사, 일반동사

C. 1 I v drink coffee.

2 He v studies at night.

3 She doesn't v cook.

D. 1 doesn't look

2 doesn't eat

3 doesn't move

4 doesn't clean

Unit 2
Lesson 3   일반동사 의문문(현재)

Writing에 필요한 문법 확인

A. 1 Is the dog cute?

2 Do you have an egg?

3 Are you happy?

4 Is your school big?

5 Does she have brown hair?

B. 1 Does   2 Do

3 Do   4 Does

5 Do

C. 1 I do

2 they do

3 she doesn't

4 he does

5 they don't

D. 1 Do you play baseball?

2 Do they work hard?

3 Does Jenny speak English?

4 Do we have a big desk?

5 Does Tom often watch movies?

[Step 1]

2 You   live

3 Your mom   bakes

4 Gina   likes

5 They   study

6 You cat   has

7 You   watch

8 Your brother   plays

9 You   talk

10 We   look

[Step 2]

2 You live in Seoul .

3 Your mom bakes cakes .

4 Gina likes coffee .

5 They study math .

6 Your cat has blue eyes .

7 You watch TV .

8 Your brother plays the guitar .

9 You talk a lot .

10 We look happy .

[Step 3]

2 Do you live in Seoul?

3 Does your mom bake cakes?

4 Does Gina like coffee?

5 Do they study math?

6 Does your cat have blue eyes?

7 Do you watch TV?

8 Does your brother play the guitar?

9 Do you talk a lot?

10 Do we look happy?

Unit 2. Lesson 3

Quiz Time

A.

English	Korean	English	Korean
bake	굽다	happy	행복한
blue	파란색의, 파란색	live	살다
brother	남자 형제	math	수학, 산수
cake	케이크	play	(악기를) 치다, 연주하다
eye	눈	talk	말하다

B. 1 습관적인   2 사실

C. 1 Do, walk

   2 Do, have

   3 Does, speak

   4 Does, bake

Unit 2. Check Up

A. 1 Do   2 Does

   3 Do   4 Does

5 Does

B. 1 We don't (have) a car.

   2 I (play) soccer.

   3 They (have) two beds.

   4 The soup (looks) delicious.

   5 She (talks) a lot.

C. 1 We work hard.

   2 The dog likes cheese.

   3 I don't watch movies.

   4 Does your cat have blue eyes?

D. 1 Does Gina like coffee?

   2 Cows make milk.

   3 Sarah doesn't do homework.

   4 My computer doesn't work well.

Unit 3
Lesson 1   현재진행형 긍정문

Writing에 필요한 문법 확인

A. 1 drinking

   2 playing

   3 sleeping

   4 sitting

   5 driving

B. 1 studying

   2 walking

   3 fixing

   4 swimming

   5 having

C. 1 like

   2 have

   3 is opening

4 is painting

5 are having

D. 1 I am reading a newspaper.

2 She is making cookies.

3 You are buying a scarf.

4 Mr. Kim is running to the house.

5 He is using the new computer.

[Step 1]

2 I   3 You   4 They   5 Cindy

6 He   7 You   8 Tom   9 I

10 Jenny

[Step 2]

2 I am cooking

3 You are writing

4 They are carrying

5 Cindy is sitting

6 He is lying

7 You are enjoying

8 Tom is riding

9 I am cutting

10 Jenny is coming

[Step 3]

2 I am cooking pasta .

3 You are writing a letter .

4 They are carrying boxes .

5 Cindy is sitting on a rock .

6 He is lying to you .

7 You are enjoying the party .

8 Tom is riding a bicycle .

9 I am cutting the cake .

10 Jenny is coming home .

Unit 3. Lesson 1

Quiz Time

A.

English	Korean	English	Korean
carry	나르다	enjoy	즐기다
clean	청소하다	lie	거짓말하다
come	오다	ride	타다
cook	요리하다	sit	앉다
cut	자르다	write	쓰다

B. 1 ing   2 e   3 마지막 자음   4 y

C.

동사원형	진행형
study	studying
come	coming
sit	sitting
die	dying

D. 1 is cleaning

2 are sitting

3 is driving

4 am studying

Unit 3

Lesson 2   현재진행형 부정문

 Writing에 필요한 문법 확인

A. 1 Daniel is liking you.

2 I have a computer.

3 She is having a puppy.

4 You don't like cookies.

5 We are having a good time.

B. 1 You have a car.

2 I like apples.

3 X

4 Jay has a guitar.

5 X

C. 1 They are v singing a song.

   2 He is v riding a bike.

   3 I am v drawing a picture.

   4 She is v drinking milk.

   5 We are v wearing a hat.

D. 1 He is not (isn't) washing his hands.

   2 The brothers are not (aren't) playing baseball.

   3 We are not (aren't) eating hamburgers.

   4 She is not (isn't) buying oranges.

   5 I am not learning Chinese.

[Step 1]

2 Jack and Amy   3 The baby

4 She   5 They   6 The butterfly

7 The cat   8 The birds   9 We

10 I

[Step 2]

2 Jack and Amy are dancing .

3 The baby is crying .

4 She is running .

5 They are swimming .

6 The butterfly is flying .

7 The cat is sleeping .

8 The birds are singing .

9 We are fighting .

10 I am lying .

[Step 3]

2 Jack and Amy are not dancing.

3 The baby is not crying.

4 She is not running.

5 They are not swimming.

6 The butterfly is not flying.

7 The cat is not sleeping.

8 The birds are not singing.

9 We are not fighting.

10 I am not lying.

Unit 3. Lesson 2

Quiz Time

A.

English	Korean	English	Korean
cry	울다	run	달리다
dance	춤추다	sing	노래하다
fight	싸우다	sleep	잠자다
fly	날다	study	공부하다
lie	거짓말하다	swim	수영하다

B. 1 감정

   2 소유

   3 먹다, 시간을 보내다

C. 1 like

   2 has

   3 are having

D. 1 is not (isn't) washing

   2 are not (aren't) playing

   3 are not (aren't) dancing

   4 are not (aren't) cutting

Unit 3
Lesson 3   현재진행형 의문문

Writing에 필요한 문법 확인

A. 1 No, she isn't.

2 Yes, I am.

3 No, he isn't.

4 Yes, they are.

5 No, we aren't.

B. 1 No 2 Yes 3 she isn't

4 he is 5 we are

C. 1 Is he sleeping on the sofa?

2 Are you drinking water?

3 Is Sam watching a movie?

4 Are they fixing a car?

5 Is the kangaroo jumping high?

D. 1 Is Kelly drinking juice?

2 Are you studying math?

3 Is he washing the dishes?

4 Are they making a boat?

5 Is Joe wearing a jacket?

[Step 1]

2 He is holding

3 They are helping

4 You are digging

5 Tom and Sally are skiing

6 Mr. Kim is fixing

7 Serena is opening

8 He is driving

9 The woman is planting

10 You are speaking

[Step 2]

2 He is holding a spoon .

3 They are helping old people .

4 You are digging a hole .

5 Tom and Sally are skiing on the hill .

6 Mr. Kim is fixing a computer .

7 Serena is opening the window .

8 He is driving a truck .

9 The woman is planting a tree .

10 You are speaking in English .

[Step 3]

2 Is he holding a spoon?

3 Are they helping old people?

4 Are you digging a hole?

5 Are Tom and Sally skiing on the hill?

6 Is Mr. Kim fixing a computer?

7 Is Serena opening the window?

8 Is he driving a truck?

9 Is the woman planting a tree?

10 Are you speaking in English?

Unit 3. Lesson 3

Quiz Time

A.

English	Korean	English	Korean
dig	(구멍 등을) 파다	open	열다
drive	운전하다	plant	(나무 등을) 심다
fix	고치다	ski	스키를 타다
help	돕다	speak	말하다
hold	들다, 잡다	wear	입다

B. 1 Yes 2 No, not 3 they, he

C. 1 Are, painting

2 Is, running

3 Are, carrying

4 Is, skating

Unit 3. Check Up

A. 1 are playing

2 is skiing

3 like

4 are running

5 is having

B. 1 she is 2 I'm not

3 they are 4 he isn't

5 we are

C. 1 He is cutting the cake.

2 They are not playing tennis.

3 Are you eating grapes?

4 I am not riding a horse.

D. 1 They are carrying a piano.

2 We are not making soup.

3 Is she sleeping in the bed?

4 Are you wearing a shirt?

Unit 4

Lesson 1 미래형 긍정문

Writing에 필요한 문법 확인

A. 1 It will be rainy.

2 It is a book.

3 It is Sunday today.

4 It is an apple.

5 It is 3 o'clock.

B. 1 이번 주에 눈이 내릴 것이다.

2 그것은 멋진 자동차이다.

3 올겨울은 추울 것이다.

4 오늘은 금요일이다.

5 그것은 당신의 배낭이다.

C. 1 drink 2 visit 3 be

4 buy 5 listen

D. 1 My mother will go to the market.

2 You will wash your face.

3 He will have fun.

4 I will wait for you.

5 It will be sunny tomorrow.

[Step 1]

2 She will

3 We will

4 The students will

5 He will

6 They will

7 The boy will

8 Catherine will

9 I will

10 Tom will

[Step 2]

2 She will fly

3 We will meet

4 The students will do

5 He will invite

6 They will visit

7 The boy will draw

8 Catherine will use

9 I will teach

10 Tom will be

[Step 3]

2 She will fly a kite .

3 We will meet the teacher .

4 The students will do the homework .

5 He will invite Mr. Brown .

6 They will visit the zoo .

7 The boy will draw a picture .

8 Catherine will use the computer .

9 I will teach yoga .

10 Tom will be a pilot .

Unit 4. Lesson 1
Quiz Time

A.

English	Korean	English	Korean
do	~을/를 하다	meet	만나다
draw	(그림을) 그리다	pilot	조종사
fly	(연 등을) 날리다	teach	가르치다
invite	초대하다	use	사용하다
learn	배우다	visit	방문하다

B. 1 it   2 뜻   3 It, It, It

C. 1 will go   2 will be

   3 will buy   4 will make

Unit 4
Lesson 2 미래형 부정문

Writing에 필요한 문법 확인

A. 1 their   2 her   3 you   4 its

   5 we

B. 1 your   2 her   3 our   4 my

   5 his

C. 1 Maria v read a book.

   2 My mom will v clean the house.

   3 Her brother v like the toy.

   4 I will v take the bus.

   5 They v paint the house.

D. 1 Robert will not (won't) play soccer.

   2 She will not (won't) get up early.

   3 We will not (won't) eat pizza.

   4 My sister will not (won't) be a scientist.

   5 I will not (won't) learn Chinese.

[Step 1]

2 My brother will

3 It will

4 His son will

5 Cindy will

6 You will

7 Her daughter will

8 The man will

9 Your friend will

10 Her parents will

[Step 2]

2 My brother will skate .

3 It will happen .

4 His son will smile .

5 Cindy will be sad .

6 You will die .

7 Her daughter will lie .

8 The man will appear .

9 Your friend will wait .

10 Her parents will agree .

[Step 3]

2 My brother will not skate.

3 It will not happen.

4 His son will not smile.

5 Cindy will not be sad.

6 You will not die.

7 Her daughter will not lie.

8 The man will not appear.

9 Your friend will not wait.

10 Her parents will not agree.

Unit 4. Lesson 2

Quiz Time

A.

English	Korean	English	Korean
agree	동의하다	happen	발생하다
appear	나타나다	sad	슬픈
daughter	딸	skate	스케이트를 타다
die	죽다	smile	미소를 짓다
fall	떨어지다	wait	기다리다

B. 1 ~의   2 명사

C.

나의	my	그것의	its
당신의/ 당신들의	your	우리들의	our
그의	his	그들의	their
그녀의	her		

D. 1 will not (won't) be

2 will not (won't) eat

3 will not (won't) read

4 will not (won't) take

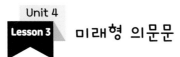

Unit 4
Lesson 3 미래형 의문문

Writing에 필요한 문법 확인

A. 1 Yes, it will.

2 No, they won't.

3 Yes, she will.

4 No, he won't.

5 Yes, I will.

B. 1 No   2 Yes   3 I will

4 she won't   5 we won't

C. 1 Will Tom be 10 years old next year?

2 Will you meet your friends?

3 Will the kids go on a picnic?

4 Will they listen to music?

5 Will he start his work?

D. 1 Will she write a letter?

2 Will you take the subway?

3 Will he be a teacher?

4 Will they build a house?

5 Will your family eat dinner?

[Step 1]

2 Sarah will help

3 He will move

4 Tony will visit

5 Mark will write

6 The farmer will sell

7 Joan will iron

8 They will stay

9 She will bring

10 He will save

[Step 2]

2 Sarah will help our teacher .

3 He will move next month .

4 Tony will visit his grandparents .

5 Mark will write a diary .

6 The farmer will sell the vegetables .

7 Joan will iron her blouse .

8 They will stay in my house .

9 She will bring some food .

10 He will save money .

[Step 3]

2 Will Sarah help our teacher?

3 Will he move next month?

4 Will Tony visit his grandparents?

5 Will Mark write a diary?

6 Will the farmer sell the vegetables?

7 Will Joan iron her blouse?

8 Will they stay in my house?

9 Will she bring some food?

10 Will he save money?

Unit 4. Lesson 3

Quiz Time

A.

English	Korean	English	Korean
blouse	블라우스	move	이사하다
bring	가져오다	save	저축하다
diary	일기	sell	팔다
grandparents	조부모님	stay	머무르다
iron	다리미질을 하다	vegetable	채소

B. 1 will   2 won't

C. 1 she will   2 he won't

D. 1 Will, listen   2 Will, watch

3 Will, move   4 Will, be

Unit 4. Check Up

A. 1 It   2 Her   3 my

4 He   5 your

B. 1 I will   2 they won't

3 she will   4 he won't

5 we will

C. 1 Sally will wear a jacket.

2 It will not be sunny.

3 Will they finish the project?

4 We will not invite the singer.

D. 1 I will fix the door.

2 It will not be hot tomorrow.

3 Will you remember my name?

4 Will you be a musician?